8. Xbre 1691.

F.

43063.

REGLEMENT

GENERAL

DU ROY

Pour le Regiment de ses
Gardes Françoises.

1691.

A PARIS,
DE L'IMPRIMERIE ROYALE.

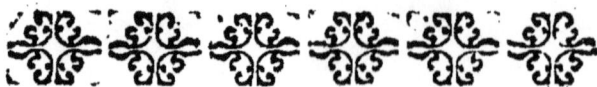

TABLE

DES TITRES

Contenus dans ce Reglement.

ã ij

REGLEMENT

REGLEMENT
GENERAL

Fait par le Roy, sur ce qui concerne son Regiment des Gardes Françoises; Voulant SA MAJESTE' qu'on s'y conforme & qu'on n'y change rien sans son ordre, & dont l'Original restera entre les mains du Major du Regiment.

POUR *L'HABILLEMENT*
du Regiment.

1. LES habits des Sergens ne monteront jamais plus haut que cent livres ; Sçavoir, just-au-corps, culotte, chapeau & bas, mettant seulement un galon d'argent sur le

A

revers des manches, & autour de la
patte.

2. Quand j'ordonne d'habiller le Regiment, le Colonel se sera donner des
modeles par le Major, fera habiller
un Soldat ou deux avec un Sergent, &
me les presentera, & aprés les avoir
agréez, le Colonel ordonnera au Major de faire faire un modele pour chaque Compagnie, lequel il leur déli-
vrera quand le Colonel le dira, afin
que chaque Capitaine s'y conforme
avec la regularité necessaire pour estre
tous uniformes, sur peine à eux de
me déplaire.

3. Quand on habillera le Regiment,
le Major en fera la visite habillé, trois
jours avant que je le voye; afin de
rendre compte au Colonel, si tout est
executé suivant ce que j'auray ordonné.

4. L'on ne contraindra jamais les
Capitaines de prendre chez d'autres
Marchands que ceux qu'il leur con-
viendra.

5. L'on observera d'habiller de neuf
tous les deux ans, sans pouvoir en
exempter nul Soldat, sous quelque

pretexte que ce puiffe eftre.

6. L'on fera retourner l'année qu'on n'habillera pas , donnant des affortimens neufs , tels qu'ils feront ordonnez.

7. Il fera regulierement obfervé de donner trois paires de fouliers par an à chaque Soldat.

8. Les Sergens & Soldats feront toûjours habillez de bleu , à moins que je ne l'ordonne autrement.

9. Les Capitaines feront chargez de l'habillement de leurs Sergens, & pour cela ils retiendront fur leur paye quatre livres par mois à chacun, faifant quarante-huit livres par an , & pour les deux ans quatre-vingt-feize livres.

10. L'Ordonnance de neuf cens livres, jadis donnée pour les entrées du vin, fera continuée tous les ans, & employée pour le fond des habits des Sergens ; cette Ordonnance eft de dix-huit cens livres pour les deux ans , laquelle fomme repartie fur les Sergens, fait quatorze livres un fol trois deniers pour chacun; fi bien que chaque Sergent moyennant quatre

livres par mois, que le Capitaine luy rabattra fur fa paye, aura de fonds pour les deux ans 110. l. 1. f. 3. d.

11. Cela fuffira tant pour l'habillement neuf, que pour luy donner chapeau, bas, & autres petits ajuftemens dans l'année qu'on n'habillera pas.

12. Un Sergent a par an 350. l. faifant par mois 29. l. 3. f. 4. d. Il faut rabattre les neuf deniers des aumônes & invalides qui font 1. l. 1. f. 9. d.
Refte de paye au Sergent 28. l. 1. f. 7. d. On luy rabattra quatre livres par mois pour l'habiller, il luy reftera par paye par chacun mois 24. l. 1. f. 7. d.

13. Laquelle paye de 24. l. 1. f. 7. d. fera donnée au Sergent, fans que le Capitaine puiffe rien rabattre, non plus que fur le preft du Soldat, fans mon ordre exprés.

Maniere de faire des Sergens.

14. Quand il manquera un ou plufieurs Sergens dans une Compagnie, le Capitaine choifira un Soldat, & en cas qu'il ne juge pas capable de cet

employ fon premier Caporal, ou les
fuivans, il en dira les raifons au Colonel, en luy prefentant le Soldat
qu'il aura choifi, duquel il donnera
le nom & les fervices au Major, pour
s'informer fi celuy qu'il propofe a les
qualitez & le fervice requis pour la
hallebarde; aprés quoy le Major en
rendra compte au Colonel, & fi le
Colonel ne juge pas à propos de l'a-
gréer, le Capitaine luy en propofera
un autre, jufques à ce qu'il en trouve
un digne.

15. Il ne fera jamais permis au Capitaine de faire le Sergent autrement.

16. Quand un Sergent eft tombé
en quelque faute, il peut eftre envoyé
en arreft ou prifon, foit par le Capitaine ou par le Major; le Colonel ou
le Commandant du Corps en fon abfence peut l'interdire, ou luy ordonner telle punition qu'il jugera à propos; mais il ne peut jamais eftre caffé
que par mon ordre, ou par le Confeil
de Guerre.

17. Si le premier Caporal n'eft pas
jugé digne d'eftre Sergent, il luy fera
libre de fe retirer; & le Capitaine no

pourra luy refuſer ſon congé; en ce
cas le Capitaine ne pourra l'oſter ſi le
Caporal veut reſter Caporal.

18. L'on ne fera jamais de Sergent
ſupernumeraire, c'eſt à dire, au delà
du nombre, ſans un ordre nouveau
de moy pour le permettre.

Reglement pour la maniere d'aller monter la Garde de Paris à Verſailles.

19. Quand tout le Regiment arrive
à Paris, ou qu'il en part, le Colonel
ou Commandant du Corps en ſon
abſence, me demandera combien de
Compagnies je veux pour ma garde,
&c combien de jours elles y feront
ſans eſtre relevées, ayant ordonné
que lorſque tout le Regiment eſt prés
de moy, il montera quatre Compagnies pour ma garde, qui ne ſe releveront qu'aprés trois fois vingt-quatre heures; cela s'executera juſques à
ce que je l'ordonne autrement.

20. Mon intention eſt auſſi que lors
qu'il n'y aura que dix ou douze Compagnies auprés de ma Perſonne, il en
montera trois en garde, & y feront
trois fois vingt-quatre heures.

21. Le Major ayant receu l'ordre du Colonel le donnera aux Sergens, pour que les Compagnies foient exactes à fe trouver à cinq heures precifes du matin à la Croix de Vaugirard : Il ne faut point leur fixer l'heure du départ de leurs quartiers, parce qu'eftans dans de differents éloignemens, ils arriveroient long-temps les uns aprés les autres au rendez-vous; mais il faut feulement leur prefcrire l'heure qu'il faut eftre arrivé au rendez-vous, qui eft Hyver & Efté, à cinq heures du matin; c'eft aux Officiers & Sergens de faire partir à l'heure convenable.

22. Chaque Compagnie aura une heure marquée par le Major, fuivant l'éloignement qu'elle eft du rendez-vous, pour faire partir, dont les Officiers, Sergens & Soldats feront inftruits.

23. Lorfque l'heure fera arrivée, la Compagnie marchera, quand mefme les Officiers ne feroient pas arrivez.

24. Avant partir du Drapeau, l'Officier ou le Sergent en fera faire

l'appel, & marquera les abſens.

25. Pour nulle raiſon que ce ſoit les Sergens ne peuvent s'exempter de marcher avec la Compagnie, portans leurs hallebardes, à moins qu'ils n'ayent un congé ſigné du Capitaine.

26. Pendant que les Compagnies marchent dans Paris, les Soldats auront mouſquet ſur l'épaule, & tous les Tambours battront.

27. Dés que les Compagnies arrivent à veuë du Chaſteau, les Tambours & Soldats feront la meſme choſe.

28. Tous les Sergens logeront à leurs quartiers, & ſi quelqu'un d'eux vend du vin ou affecte de faire le preſt dans un Cabaret ou dans le voiſinage, pour obliger les Soldats d'y aller boire, le Major les envoyera en priſon, & en avertira le Colonel ou Commandant du Corps en ſon abſence, pour les interdire & m'en rendre compte.

29. Tous les Officiers eſtans avertis du jour que leurs Compagnies monteront la garde, ou pour aller ailleurs, ſe rendront à leur Drapeau

avant l'heure qu'ils sçavent qu'elles doivent partir.

30. Si quelque Officier est malade, il en avertira le Lieutenant-Colonel ou Commandant naturel qui sera à Paris, & en mesme temps en envoyera un billet au Sergent de la Compagnie pour le donner au Major qui en instruira le Colonel.

31. Si un Capitaine ou Officier avoit quelque affaire pressante, il doit prendre ses mesures pour avoir permission du Colonel de ne point monter la garde, personne ne pouvant le dispenser de ce devoir que le Colonel, qui m'en rendra compte.

32. Et lors qu'il en a la permission, il en fera avertir le Major par le Sergent de la Compagnie, afin de le mettre sur l'Extrait de la garde, & qu'en cas que le Colonel ne fust pas à la Cour, il puisse m'en rendre compte.

33. Les Officiers qui ne seront pas en estat d'aller avec les Compagnies monter la garde à cheval, ne monteront point la garde à moins qu'ils n'ayent une permission particuliere du Colonel.

34. Les Sergens d'affaires feront chargez, & en leur abfence un de leurs camarades, de faire un billet des Officiers qui conduifent & reconduifent leurs Compagnies, marquant dans ledit billet s'ils font venus au Drapeau, & le lieu où chacun aura joint la Compagnie, quand mefme ce ne feroit qu'à cent pas du Drapeau.

35. Lorfque les Compagnies font arrivées pour monter la garde, les Sergens donnent ces billets au Major qui en rend compte au Colonel, ou à moy en fon abfence.

36. Quand les Compagnies s'en retournent à leurs quartiers, les Sergens font les mefmes billets marquant fi chacun a reconduit la Compagnie, & le lieu où chacun l'aura quittée; ce billet du retour fera donné au Major le premier Mercredy ou Samedy qu'il donnera l'ordre.

37. Si le Major s'apperçoit que les Sergens ne donnent pas les billets fidelement, il les mettra en prifon, & en avertira auffi-toft le Colonel ou Commandant du Corps en fon abfence.

38. Il y aura toûjours un Capitaine à cheval qui se trouvera à cinq heures du matin au rendez-vous où les Compagnies s'assemblent pour aller monter la garde, & les conduire pour les faire marcher en bon ordre, & répondre des desordres que les Soldats peuvent faire en chemin.

39. Il y aura toûjours un Ayde ou un Sous-Ayde-Major, qui se trouvera au rendez-vous des Compagnies, en fera faire l'appel marquant la quantité d'absens, aussi bien que le nombre des Sergens, mettra les Compagnies en bataille ; & le Capitaine estant arrivé, l'Ayde ou Sous-Ayde-Major luy demandera l'ordre pour les mettre en marche.

40. Comme il n'y a qu'un Tambour qui bat pendant la marche, il faut que tous les autres marchent à trente pas de la teste du Bataillon & jamais plus loin ; car c'est eux qui par la liberté qu'ils se donnent d'aller devant & comme bon leur semble, font tous les desordres, parce qu'ils ne sont point à portée d'estre veus.

41. Quand les Compagnies sont

arrivées , l'Ayde-Major en fait l'appel, & donne au Major ceux qui ne font point venus avec le Drapeau , lesquels on commence à mettre en faction, & on les y laisse huit heures tout de suite, fans que cela leur soit compté dans leurs factions ordinaires à la garde.

42. Le Major ou Ayde-Major de femaine va à dix heures voir les Compagnies qui doivent monter où elles font en halte , & y fait aller celles qui doivent defcendre, où il examine si elles font de tout point, comme elles doivent eftre fuivant les habits & ajuftemens ordonnez , aprés quoy il les compte pour en faire l'extrait ; dés que cela eft fait, il les met en bataille, & va avertir le Colonel.

43. Lors que onze heures fonnent, les Compagnies s'avancent à la grille où les Capitaines prennent la pique , & quand mefme les Capitaines n'y feroient pas , l'heure d'onze heures eftant fixée par moy , les Compagnies entreront & monteront la garde , & le Major avertira le Colonel de ceux qui y ont manqué pour m'en rendre compte.

44. Les Compagnies eftant en bataille entreront dans la cour par manches , commençant par celles qui
defcendent, marchant dans le milieu
de la cour, comme fi on vouloit entrer dans la petite cour : quand la tefte
eft à cinquante pas de la petite porte,
les Capitaines faluënt à la porte, &
auffi-toft font faire un quart de converfion à gauche ; dés que cette manche a tourné, les Enfeignes faluënt,
& enfuite font tourner les Piquiers,
les Piquiers ayant tourné, les Sous-
Lieutenans faluënt , & font tourner
leur manche , aprés quoy les Lieutenans faluënt.

45. Les Compagnies qui defcendent aprés avoir faluë, vont fe mettre en bataille, le dos contre le balu-
ftre de la terraffe de la cour à la gauche en entrant , la premiere manche
faifant la gauche , les divifions paffant
fur la droite.

46. Avant que d'entrer dans la
cour, le Major fixera un Sergent pour
dreffer chaque rang , dont les autres
ne fe mêlent point pour éviter le
murmure.

47. On obfervera qu'à chaque aifle de manche, il marche toûjours un Sergent, afin que dés que cette manche arrive fur fon terrein les Sergens mefurent, (auffi-toft que le premier Soldat eft arrefté) deux hallebardes de diftance d'un rang à l'autre, & ira jufques au dernier rang fans s'amufer à les dreffer, parce que cela fait du bruit, & que c'eft l'affaire du Sergent prépofé pour chaque rang.

48. Les Compagnies qui montent fuivent ces premieres dans le mefme ordre & tiennent le mefme chemin, les Capitaines faluënt à cinquante pas de la grille, & auffi-toft font faire un quart de converfion.

49. La difference de ces Compagnies à celles qui defcendent, c'eft que dés que la premiere manche de celles qui montent commence à tourner, toutes les autres manches tournent fur leur terrein, afin de fe trouver en bataille en mefme temps faifant face aux autres.

50. Le mefme ordre pour les Sergens fera obfervé.

51. Les Officiers des Compagnies

qui montent ne saluënt pas , parce
qu'ils ne viennent pas affez avant
pour cela.

52. Le Major aura foin de tenir toutes
les hallebardes de la longueur de fix
pieds & demy , parce que fans cela on
auroit trop de peine à dreffer les rangs;

53. Le Major nommera un Sergent
à chaque garde pour delivrer & recevoir les cafaques , & tenir un contrôlle des Compagnies qui en perdront,
pour en rendre compte à l'Ayde-Major de femaine , auquel cas la Compagnie qui en aura perdu les payera ; &
fi l'Ayde-Major manque à toutes ces
précautions, & qu'il ne puiffe par ne-
gligence verifier qui les a peduës, ce
fera l'Ayde-Major qui les payera.

54. Lorfque les Compagnies font en
bataille , & que les fentinelles font relevées & la vifite des cafaques faite, le
Major va le dire au Colonel pour fçavoir s'il veut les voir defcendre.

55. & 56. Pendant que les Compagnies fe mettent en bataille ; tant que
les Tambours battent, les Officiers fe
tiennent à leurs poftes , ne quittant
point l'Efponton.

57. Les Capitaines ayant pofté la manche à la tefte de laquelle ils arrivent, quittent leurs Efpontons.

58. Quand le Colonel arrive, les Tambours appellent, les Capitaines & Officiers font à leur devoir; & dés qu'il l'ordonne, les Compagnies qui defcendent font un quart de converfion par manche à gauche, vont paffer entre les Compagnies qui montent, les laiffant à droit, & la grille à gauche, font un quart de converfion à droit fans faluër, pour fortir de la cour par le mefme chemin, & en mefme ordre qu'ils y ont entré.

59. Lorfque les Compagnies font hors de la cour, elles vont fe mettre entre les écuries & la grille du Château, où après avoir pofé les armes à terre, elles vont rendre les cafaques & attendre les Officiers.

60. Les Officiers vont s'accommoder & monter à cheval pour les venir joindre.

61. Le mefme Capitaine qui les a menées, les ramene.

62. L'Ayde-Major fera un contrôlle de ceux de la campagne qu'il renvoyera

renvoyera de là, obfervant que ceux qui font à Paris, quoy qu'ils ne logent pas à la Compagnie, ou qui paffent par Paris, il faut que ceux-là menent le Drapeau au quartier.

Cet article regarde feulement le logement du temps prefent.

63. Toutes les Compagnies qui montent & defcendent la garde à Verfailles iront toûjours par le cofté de Meudon; & tout Sergent ou Soldat qui pour monter ou defcendre la garde, ira par le cofté de Challiot, fera puni comme libertin.

64. Quand les Compagnies font defcenduës, le Major avertit le Commandant de l'ordre que j'ay donné concernant ce qu'il y a à faire pour ma fortie.

65. Pour peu qu'il ne pleuve pas, l'on fera mettre les armes en faifceau dans la cour, & le Major ou Ayde-Major prendra l'ordre du Commandant pour le temps qu'on peut donner aux Soldats pour aller manger.

66. Le jour que les Compagnies monteront la garde, elles ne feront pas l'exercice; mais tous les autres jours

B

j'ordonne qu'elles y aillent ; ſçavoir,
depuis la Touſſaints juſques à Paſques
à deux heures aprés midy ; & de Paſques à la Touſſaints à cinq heures du
ſoir, ſans que ma ſortie ni mon retour puiſſent interrompre cela, ſans
un nouvel ordre de moy.

67. Jamais les Compagnies n'entreront ni ne ſortiront de la cour du
Chaſteau, que les Capitaines ne ſoient
obligez d'eſtre à la teſte l'Eſponton à
la main, juſques à ce qu'ils ſoient hors
de la cour ; aprés quoy ils peuvent
quitter l'Eſponton, pour mener leurs
Compagnies à l'exercice ; tous les autres Officiers marchans à leurs divi-
ſions.

68. Lorſque les Compagnies ſeront
arrivées au terrein deſtiné pour l'e-
xercice, le Major ou Ayde-Major les
mettra en bataille, & demandera au
Commandant s'il trouve bon qu'il en
faſſe faire l'appel, & enſuite qu'il
commence l'exercice, ce qu'il executera, & c'eſt le Major qui auſſi-toſt
qu'il aura pris l'ordre de commencer,
ſera le maiſtre de faire faire tels mou-
vemens qu'il jugera convenables, tant

& si peu qu'il voudra ; aprés quoy l'exercice estant fini il le dira au Commandant, pour sçavoir s'il trouve bon qu'on se retire.

69. Si je n'estois pas rentré, on iroit se poster pour estre à mon retour.

70. Quoy que je sois dehors, mon intention est que les Compagnies se retirent à l'entrée de la nuit, Hyver & Esté, sans attendre mon retour ; il n'y a que pour la Reine qu'elles attendent qu'elle soit rentrée.

71. Pendant l'exercice, le Major fera un extrait de la force des Compagnies, des Capitaines & Officiers qui y ont esté, pour le soir en rendre compte au Colonel ; & sera obligé toutes les fois que les Compagnies prendront les armes, d'avertir le Colonel des Officiers qui manqueront à s'y trouver, pour m'en rendre compte.

72. L'on observera de faire visiter toutes les sentinelles à chaque demie heure, par le Sergent, Caporal ou Anspessade de pose, & l'on ne mettra jamais de Mousquetaire en faction

qu'il n'ait de la meche.

73. Un Sergent ira toûjours mener les sentinelles en faction, & avant que de les mener il les assemblera au corps de garde, les visitera pour exaniⁿer s'ils ont ce qu'il faut, & s'ils ne sont point yvres, il observera de n'en mener jamais en faction d'yvrognes ny quelqu'un à qui il manque quelqu'une des choses ordonnées.

74. Si dans la visite qu'on fait des sentinelles on trouvoit quelqu'un qui se fust enyvré d'eau de vie estant en faction, celuy qui les visite ira promptement au corps de garde pour le faire relever.

75. L'ordre estant donné, l'Ayde-Major de semaine le va porter au corps de garde ; c'est à dire, le mot & le détail qu'il aura pris du Commandant de la garde ; un Officier de chaque Compagnie ira avec luy.

76. Aprés avoir donné le détail aux Sergens, tandis que les Officiers font mettre les Compagnies en haye, il fait faire l'appel devant luy pour voir s'il n'y en a point qui s'en soit allé à Paris, & si il y en a un nombre, il en-

voyera fur le champ un Sergent de la Compagnie à Paris pour les arrefter, lefquels on mettra en prifon d'une garde à l'autre, obfervant de les ramener en garde, attachez avec dix moufquets fur le corps.

77. Nul Capitaine ayant monté la garde ne peut renvoyer nul Soldat à Paris pendant la garde qu'avec la permiffion du Colonel, & les fera voir au Major, afin de les comprendre dans l'extrait, fans quoy le Major ne les paffera point.

78. Les Compagnies eftant au rendez-vous pour monter la garde ou dans le chemin, s'il s'y trouve quelques malades, le Sous-Ayde-Major les renvoyera & en fera un extrait, afin de le donner au Major à Verfailles ; cet extrait fera fait fidellement par le Sous-Ayde-Major, fur peine à luy d'en répondre, & n'y comprendra que ceux qu'il trouvera en eftat de ne pouvoir marcher.

79. La veille des gardes, le premier Sergent ira à la prifon, fera un extrait des prifonniers des Compagnies qui montent la garde, le cachetera

aprés l'avoir figné, & le donnera au
Sergent d'affaires de la Compagnie
pour le remettre és mains du Major.

80. Le Tambour-Major ira la veille
des gardes aux deux Hôpitaux de l'Hoftel-Dieu & la Charité , pour faire
l'extrait des malades qu'il peut y avoir
des Compagnies qui montent; c'eft
feulement de ceux qui font au lit ; &
aprés en avoir pris les noms, il fignera
fon extrait & le donnera cacheté à un
Sergent des Compagnies qui monte,
lequel le portera au Major , ou à
l'Ayde-Major en fervice prés de ma
Perfonne.

81. Dans l'extrait de la garde on fera
un article, des malades, c'eft à dire,
de ceux que le Sous-Ayde-Major cer-
tifie avoir renvoyez, & de ceux qui
feront marquez dans l'extrait du
Tambour-Major aux deux Hôpitaux
de l'Hoftel-Dieu & la Charité , ces
deux articles enfemble & un article
des prifonniers, & joindra le tout au
total.

82. Jamais un Sergent ne battra un
Caporal ny anfpeffade , fur peine à
luy d'eftre mis en prifon ; mais lors

qu'ils trouveront un Caporal ou Anſpeſſade en faute, ils le mettront en priſon & en avertiront le Major & ſon Capitaine.

Service de Marly.

83. L'on fait un detachement de la garde de Verſailles, de deux cens vingt Fuſiliers ou Mouſquetaires avec deux Capitaines, deux Lieutenans, un Sous-Lieutenant & un Enſeigne avec huit Sergens & huit Tambours.

84. C'eſt le Commandant de la garde qui va toûjours à Marly, & le ſecond Capitaine roule avec ſes camarades.

85. Les Officiers vont à tour de rôlle, roulans enſemble chacun dans leur garde.

86. Le Commandant de la garde de Marly envoye l'ordre tous les ſoirs à Verſailles, & pour cela, le Colonel ou Commandant de la garde en ſon abſence prendra le mot de bonne heure.

87. La garde de Verſailles eſt toûjours ſenſée ma garde, & n'a d'honneur à rendre qu'à ceux à qui elle en

doit dans ma prefence.

88. Ce détachement part de Verfailles pour arriver avant ma Perfonne à Marly.

89. Quand ce détachement eft arrivé à Marly , on le fepare en deux
troupes égales : Le premier Capitaine
va au grand corps de garde de Marly ,
& le fecond refte en haut au corps de
garde de Verfailles.

90. Pendant le jour il n'y a que deux
corps de garde ; celuy d'enbas qu'on
appelle de Marly a trois fentinelles ,
fçavoir deux à la porte de Marly , &
une au corps de garde.

91. Celuy d'enhaut à trois fentinelles , une à la grille d'enhaut , une à
celle d'enbas , & une autre au corps de
garde.

92. A l'entrée de la nuit , le corps
de garde d'enhaut détache deux Sergens & quarante Soldats qui vont par
dans le parc aux deux petits corps de
garde du grand Jet , qui ont pendant
la nuit fept fentinelles.

93. Le corps de garde de Marly
fait à l'entrée de la nuit un détachement d'un Sergent & vingt hommes,

pour

pour la porte de Marly qui a cinq sentinelles ; un détachement pareil pour
la porte de faint Germain qui a cinq
fentinelles ; un autre détachement de
deux Sergens & foixante hommes
pour le grand corps de garde des Offices qui a fept fentinelles ; ne reftant la
nuit que dix hommes au grand corps
de garde de Marly.

94. A une demie heure de jour tous
ces petits corps de garde fe retirent à
leurs poftes de jour.

95. Il eft deffendu tres-expreffement
aux détachemens de mener pas un
chien avec eux.

96. A minuit on commence la premiere vifite des fentinelles.

97. Les deux Officiers qui couchent
au grand corps de garde de Marly,
vifiteront les dix fentinelles de la porte faint Germain, & de la porte de
Marly, l'un à minuit, & l'autre à une
heure ; les deux Sergens & les deux
Caporaux de ces deux corps de garde
recevront du Major l'heure qu'ils devront faire chacun leur ronde ; fçavoir, à deux, trois, quatre & cinq
heures aprés minuit.

C

98. Au corps de garde des Offices, l'Ayde-Major à minuit fera la visite des sentinelles du grand Jet & des Offices; à une heure l'Officier Suisse; les deux Sergens François & les deux Suisses feront les rondes à deux, trois, quatre & cinq heures, leur estant fixées par le Major.

99. Deux Officiers François & un Suisse, avec trois Sergens, font les rondes aux sentinelles du corps de garde de Versailles, aux mesmes heures que les autres.

100. Les Sergens auront grand soin de contenir les Soldats la nuit dans leurs corps de garde, afin qu'ils ne rodent pas dans le parc.

101. Il faut tout le jour qu'il y ait du corps de garde de Marly, un Sergent & quatre Mousquetaires qui fassent incessamment la patroüille dans le bourg de Marly, pour empêcher que les Soldats ne fassent du desordre.

102. Le corps de garde d'enhaut en fera autant au Village de Luciénne pendant le jour.

103. Quand la garde de Marly sera relevée, les détachemens qui sont des

Compagnies des quartiers du Faux-
bourg faint Germain reprendront le
chemin par Verfailles & par Meudon,
& ceux qui font des Compagnies du
cofté de Montmartre prendront le
chemin par Roquencour & S. Cloud.

Service du Regiment à Paris.

104. J'ay reglé la taille des Soldats
à cinq pieds quatre pouces.

105. Lors qu'on enrolle un Soldat,
on le mene chez Perelle Commiffaire
à la conduite, qui le fait déchauffer
& luy donne des mules faites exprés,
afin de voir fans fupercherie s'il eft
de la taille que j'ay ordonnée.

106. Tous les Soldats enrollez pendant la Semaine, font ramenez les
Mercredis chez ledit Commiffaire, où
le Major fe trouve à dix heures du
matin pour examiner s'ils font bons;
& s'il en trouvoit qui euffent efté re-
çûs pendant la Semaine & qui ne fuf-
fent pas bons, (d'accord avec ledit
Commiffaire,) il les fera rayer de
fur le livre du fignal.

107. Il s'y trouve un Sergent de
chaque Compagnie pour recevoir les

ordres, & pour rendre compte de ce
qui se passe dans la Compagnie, dans
son quartier & autres choses qui peuvent regarder mon service.

108. S'il y a quelque plainte, soit
d'une Compagnie à une autre, des
Soldats aux Bourgeois, ou des Bourgeois aux Soldats, chacun y vient
porter sa plainte, à quoy le Major remedie comme il le juge à propos, &
en rend compte ensuite au Colonel,
ou au Lieutenant-Colonel en son absence.

109. Si le Lieutenant-Colonel ou
Commandant naturel en l'absence du
Lieutenant - Colonel se veulent trouver chez le Commissaire les Mercredis, cela depend d'eux, c'est eux qui
ordonneront au Major ce qu'il fau-
dra pour remedier aux plaintes qu'on
y fera, & mesme pour regler tout ce
qui regardera le Regiment, à moins
que le Major n'eust mes ordres, ou
du Colonel, desquels il fera part au
Lieutenant-Colonel ou Commandant
naturel.

110. Mais quant à la reception des
hommes pour estre enrollez, c'est le

Commissaire & le Major de concert qui les reçoivent, & en rendent compte au Colonel ou à moy en son absence.

111. L'on ne recevra jamais d'étrangers dans le Regiment, pas mesme ceux qui sont ou qui se disent de Strasbourg, d'Alsace, de Savoye, du Piedmont & Pignerol, ni des hommes de cinquante ans ou au dessus, ni ceux qui sont au dessous de dix-huit ans.

112. Le Major va à Paris tous les Samedis, après avoir pris le détail (pour la semaine) du Colonel, & ce jour-là il se trouve chez luy les Sergens d'affaires de chaque Compagnie, pour rendre compte de ce qui s'est passé depuis le Mercredy,

113. Ce sera toûjours le mesme Sergent qui ira les Mercredis & les Samedis à l'ordre, à moins qu'il ne soit incommodé, auquel cas il en avertira ses camarades, pour qu'il y en aille un autre.

114. Les Sergens rendent compte au Major, si ce qu'il leur a ordonné au dernier ordre est executé, tant pour

l'habillement ordonné , qu'autre
chofe.

115. Le Major remedie aux defordres ou plaintes , dont il a connoif-
fance ce jour-là , pour en rendre
compte au Colonel.

116. Quand il arrive un defordre,
foit dans les quartiers ou ailleurs,
qui a relation avec les Soldats , les
Sergens feront obligez d'en avertir le
Major préferablement au Capitaine,
ni à perfonne, fur peine d'eftre punis rigoureufement ; & pour peu que
la chofe foit de confequence, fi le
Major eft prés de ma Perfonne , le
Sergent luy écrira ce qui eft arrivé,
& luy envoyera auffi-toft par un Soldat, afin que je puiffe en eftre inftruit
par le colonel, à qui le Major en rendra compte.

117. Si les Sergens n'ont pas toute
l'exactitude neceffaire pour cela , le
Major les fera mettre en prifon.

118. Les logemens feront donnez
au premier jour de Janvier à tous les
Soldats ; fçavoir, jufques à cent trente par chaque Compagnie , fuppofé
qu'ils les ayent, ce que le Maréchal

des Logis verra par les revûës ; & cela s'executera jusques à ce que je juge à propos de les faire entrer dans les Casernes.

119. La veille que les Compagnies devront partir pour faire revûë, ou aller en garde, chaque Soldat sera obligé de coucher au logement qui luy est donné dans son quartier, afin de partir & marcher en bon ordre.

120. Quand les Compagnies reviendront de la garde, tous les Soldats rameneront le Drapeau au quartier, & coucheront dans leurs chambres.

121. Si les Capitaines leur donnent congé pour aller à leur campagne, ils laisseront leurs armes dans leur chambre, afin qu'on ne trouve aucun Soldat armé le long des chemins.

122. Le Mareschal des Logis donnera un controlle du logement au Colonel, & un au Major.

123. Les Fourriers de chaque Compagnie donneront un controlle au Major, & nul changement ne se fera dans les logemens de leurs Compagnies, que les Fourriers ne luy en rendent compte.

124. Si quelque Soldat eſt trouvé dans les chemins avec ſa bandoüilliere, ſon mouſquet, pique ou fuſil, il ſera puni comme libertin, parce qu'il eſt dit qu'ils les laiſſeront dans leurs chambres.

125. Quand mon Fils le Dauphin ira à la Foire, Opera ou Comedie à Paris, moy n'y eſtant point, il y aura toûjours une Compagnie pour ſa Garde, avec le Drapeau, & les Tambours battront aux champs.

126. Les Compagnies feront ces gardes là à tour de rolle.

127. L'on continuëra de donner les vingt hommes à l'Opera à l'ordinaire.

128. Il y aura (lors que tout le Regiment ſera à Paris) une garde de huit hommes ſans armes, ſinon leurs épées, & un Sergent avec ſa hallebarde ſur le Pont-Neuf, & autant ſur le Pont de la Tournelle, pour empeſcher les jeux & les aſſemblées, où les Soldats ſe meſlent pour faire des deſordres, les faire retirer & empeſcher que les Soldats, ſur tout ceux de ſes Gardes ne prennent du bois aux char-

rettes qui paffent, & s'il s'y commet quelque defordre où il y ait des Soldats, & que le Sergent de garde n'y remedie pas, & n'en avertiffe pas le Major, il fera puni.

129. L'on battra la retraite tous les foirs à huit heures l'hyver, & à neuf heures en efté, aprés quoy fi les Patroüilles qui fe feront, trouvent des Soldats dehors, ils feront menez en prifon, à moins que ce ne fuft des travailleurs qui fe retirent fans épée.

130. Mon intention eft que ma Declaration du   Decembre 1666. foit obfervée & publiée nouvellement ; fçavoir, que les Soldats ne pourront aller plus de quatre enfemble, conformement à mon Edit ; mais à l'égard d'eftre retirez, quoy qu'il foit dit dans l'Edit qu'ils feront retirez à fix heures du foir, depuis la Touffaints jufques à Pafques, & à neuf heures depuis Pafques jufques à la Touffaints, mon intention eft que la retraite ne fe battra qu'à huit heures du foir l'hyver, & à neuf heures l'efté ; & fi aprés les heures marquées ils font rencontrez

avec armes & épées , ils feront mis
en prifon , & pourfuivis fuivant la
rigueur de mes Ordonnances.

131. Ma volonté eft auffi que tout
Soldat qui fera arrefté dans quelque
defordre , lequel fera avec un autre
habit que celuy de Soldat foit envoyé
aux galeres ; & pour cela , mon intention eft qu'ils foient arreftez par
les Officiers ou Sergens qui les ren-
contreront , & par les Gardes des
Ponts qui y font établis ; ma volonté
eftant que tout foldat foit toûjours
habillé de fon habit de Soldat , portant
fon épée , n'eftant permis qu'à ceux
qui vont travailler de changer d'habits.

132. Ce qu'il faut publier à la tefte
de chaque Compagnie.

133. Eftant à Verfailles ou autres
Maifons Royales , prés de Paris , nul
Soldat ne montera ma garde qu'avec
des moufquets , afin d'éviter une par-
tie des defordres qui arrivent par la
facilité de tirer un fufil , à la referve
pourtant des deux Compagnies de
Grenadiers qui auront leurs fufils.

134. Lorfque les Cafernes feront

faites , il logera cinq Compagnies dans chaque Caferne, hors dans deux, où il y en aura fix à chacune.

135. Il logera dans chaque Caferne un Capitaine & un Officier de chaque Compagnie avec un Ayde ou Sous-Ayde-Major.

136. Les Capitaines & les Officiers fe releveront tous les huit jours.

137. L'Ayde - Major y demeurera toûjours.

138. Tous les jours à dix heures du matin, on y montera une garde d'un Sergent & douze hommes.

139. Le Sergent tiendra un controlle des Soldats qui fe retireront aprés la retraite battuë , qui battra tous les foirs depuis la Touffaints jufques à Pafques à huit heures du foir, & depuis Pafques à la Touffaints à neuf heures.

140. Les Tambours battront la retraite jufques à cinq cens pas autour des Cafernes.

141. Un Sergent par Compagnie fera la vifite tous les matins à fept heures, pour voir fi les Soldats ont foin de faire balayer leurs chambres & les

montées , & porter leurs ordures au
bas de leur porte , où il viendra deux
fois la femaine des charrettes de la Ville
pour les emporter.

142. Les jours que les charrettes viendront, le Sergent de garde aura foin
de faire charger toutes les ordures &
faire tenir la cour fort nette.

143. Auffi-toft aprés la retraite battuë , les Sergens feront l'appel de leurs
Compagnies , & donneront à l'Ayde-
Major les noms de ceux qui manqueront , lequel Ayde-Major les fera mettre en prifon auffi-toft qu'ils arriveront ; & s'informera pour quelle rai-
fon ils ont decouché , & en rendra
compte au Major & au Capitaine de
garde aux Cafernes.

144. Le Sergent de garde aura la
clef de la porte & ne laiffera fortir pas
un Soldat le matin pour aller au travail avec l'habit de Soldat ni épée ;
Voulant que ceux qui voudront travailler , ayent d'autres habits que ceux
de Soldat pour aller au travail.

145. A l'égard de ceux qui ne tra-
vaillent pas , le Sergent n'en laiffera
fortir pas un de travefti , ni à qui il

manque des cravates & du linge.

146. Il ne laiffera fortir nul Soldat ni autre homme portant des hardes, qu'il ne fçache ce que c'eft ; crainte que ce ne foit des fournitures.

147. Ceux à qui les Capitaines donneront congé pour aller à la campagne, eftant des environs, ils n'emporteront jamais leurs armes, mais feulement leurs épées, & ne manqueront jamais de coucher aux Cafernes la veille que les Compagnies en partiront & le jour qu'elles y reviendront.

148. Quand les Compagnies partiront de Paris, le Commiffaire & le Major avec le Concierge de chaque Caferne, feront la vifite des fournitures qu'on laiffe ; & s'il s'en trouve de perduës, ils les eftimeront fur le champ pour les faire payer par les Compagnies qui les auront perduës.

149. Lors que les Compagnies arriveront à Paris, le Concierge des Cafernes donnera au Fourrier de chaque Compagnie le nombre de fournitures neceffaires, le tout par compte & par un eftat figné du premier Sergent, du Fourrier & du Concierge,

qui fera fait double, le Concierge en gardant un, & le Sergent l'autre.

150. Il fe fera trois patroüilles dans chaque quartier, fçavoir une à dix heures, une à onze, & une à minuit; chacune de ces patroüilles rodera dans fon quartier.

151. Les Sergens feront diligens à courir aux defordres qui arrivent dans les quartiers, & deffendront tres-feverement la chaffe aux Soldats.

152. Un Sergent ira avec fix Mouf-quetaires tous les foirs en commen-çant la patroüille à la prifon de l'Ab-baye faint Germain, pour fçavoir du Geolier fi les Soldats prifonniers ne font pas de defordre; & fur tout pour des bien-venües que les anciens demandent à ceux qu'on y mene nou-vellement; auquel cas fi le Geolier s'en plaint, le Sergent luy donnera main forte pour mettre ces fripons-là dans le cachot.

153. Il fera deffendu au Geolier des prifons de laiffer entrer nulle femme pour vifiter les Soldats prifonniers, ni de fouffrir qu'il leur foit don-né nulle charité de vivres ni autre

chose dans ladite prison.

154. Tout Soldat qui sera mis en
prison par les Officiers du Régiment
par faute de discipline, ne peut estre
écroüé ni transferé par la Justice.

155. Les Sergens des Compagnies
qui sont aux extremitez de Paris, feront des visites toutes les semaines
aux villages qui ne sont qu'à un quart
de lieüe ou demi-lieüe de leur quartier, pour s'informer si les Soldats
n'y vont point faire du desordre ; &
sçauront des Gardes-Chasse qui sont
dans ces lieux, s'ils se plaignent des
Soldats, & s'ils sçavent les noms &
les Compagnies d'où ils sont.

156. Les Gardes-Chasse feront
leurs plaintes aux Sergens des quartiers voisins ; & s'ils ne leur font
pas justice, ils en avertiront le Commandant ou le Major.

157. Pendant la Foire saint Germain & celle de saint Laurens, il y
aura des Sergens pour se promener
jusques à ce qu'elle ferme ; ils auront
l'habit du Regiment ; afin que les Soldats puissent les connoistre ; c'est
pour faire retirer ou arrester les Sol-

dats qui feront du defordre, fans fe mefler de ce que d'autres libertins ou filous pourroient faire.

158. Il y aura tous les jours un Sergent qui ne bougera du quartier de fa Compagnie, & qui y reftera comme eftant de garde tour à tour, pour veiller aux defordres ou plaintes qui peuvent y arriver.

159. Lors que les Archers de la Juftice iront dans les quartiers pour y prendre des Soldats, foit qu'ils y viennent tous feuls, où qu'ils ayent pris la precaution d'avoir un Archer des Bandes, il ne leur fera fait nul empefchement ; ains au contraire mainforte & affiftance.

160. Lors que les Compagnies partiront pour aller en campagne, fi les Capitaines laiffent des Soldats, foit pour en avoir plus que leur nombre, ou de malades ; ils les feront venir chez le Commiffaire où fe trouvera celuy qui fera la Charge de Major, dont ils feront un controlle; ils prendront leur demeure, afin que lors qu'on les accufera de faire des defordres, on fçache où les trouver ; &

par

par ce moyen on fçaura les Soldats
qu'on laiffera à Paris , & les raifons
pourquoy.

161. Mon intention eft que tous les
Soldats qu'on laiffera à Paris n'y refte-
ront au plus que la moitié de la campagne ; Voulant que fi le Capitaine en
a plus que fon nombre , ou qu'il en ait
d'incommodez , il faffe joindre ceux
qu'il a laiffez à Paris & en renvoye
pareil nombre de ces incommodez ;
fuppofé qu'il foit plus que complet ,
l'on avertira le Commiffaire & le Major de ces changemens.

Service de Fontainebleau.

162. Les Compagnies font menées
de Melun à Fontainebleau avec les
mefmes precautions que de Paris à
Verfailles & ramenées de mefme.

163. L'on obferve les mefmes cho-
fes & mefme regularité qu'à Verfailles , & ainfi de mefme dans tous les
lieux d'où la garde part pour aller
monter ma garde.

164. Tandis qu'il n'y aura que
les mefmes corps - de - garde de la
cour des cuifines & cour en ovale,

D

l'on met les deux tiers de la garde à celuy de la cour des cuisines, & l'autre tiers à celuy qui est entre la cour en ovale, & celle des fontaines.

165. Les Gardes Françoises ne vont jamais se poster dans la cour du cheval blanc, à moins que je ne le commande, laissant cela pour les gardes Suisses, & les Suisses ne vont se poster jamais hors la cour du cheval blanc, si je ne l'ordonne.

166. Les sentinelles Françoises sont jusques au tourniquet en descendant l'escalier du fer à cheval pour entrer dans la cour du cheval blanc, où il y en a une Françoise & une Suisse.

167. Les sentinelles Françoises & Suisses sont encore meslées dans la cour des fontaines.

168. La garde des Gardes Françoises se monte dans la cour des fontaines.

169. Quand je sors par l'allée du chenil venant de la Chapelle ou cour des fontaines, on met un Sergent sur chaque rampe de l'escalier de la cour des fontaines, & quatre Sergens sous la porte qui sort dans l'allée, les

Compagnies à la file aux deux coſtez le long de l'allée du chenil.

170. Quand je deſcend par l'eſcalier de la cour des fontaines pour monter à cheval ou en carroſſe, on ne met nul Sergent ſur cet eſcalier d'un coſté ni d'autre.

171. Si je paſſe par la porte du bout de l'allée, on y met deux Sergens deſſous, ou le Major, pour empeſcher que perſonne inconnu n'y demeure quand je paſſe.

172. Quand je ſors ou rentre par la cour en ovale pour aller par l'allée du chenil, le Major ſe met ſous le portique de la porte qui ſort de la cour, & aura ſoin qu'il ne s'y mette perſonne.

173. Quand je ſors de la cour en ovale pour paſſer dans la cour des fontaines & aller à celle du cheval blanc, les Compagnies demeurent en deux hayes le long de l'allée, & l'on met quatre Sergens ſous la voûte qui entre dans la cour des fontaines.

Service de l'Armée.

174. Le Regiment garde toûjours

le General, à moins que je ne l'aye ordonné autrement.

175. Quand le Regiment eſt en garde chez le General, cette garde ne prend les armes que pour luy.

176. Quand il garde quelqu'un par mon ordre, cette garde ne prend les armes que pour celuy qu'il garde.

177. Quand le General paſſe aux poſtes du Regiment, ou du long de la ligne, les corps-de-garde prennent les armes, & les Tambours appellent ou battent aux champs, ſuivant ce qui eſt reglé pour ſa garde.

178. Quand les Princes du Sang ou Legitimez de France, quoy qu'ils n'ayent pas d'autre caractere, paſſent aux poſtes ou le long de la ligne, les corps-de-garde prennent les armes, & les Tambours appellent.

179. Le Regiment fait le ſervice avec tout le reſte de l'Infanterie également avec eux, conformément à mon Or-donnance qu'on trouvera cy-deſſous.

De par le Roy.

180. Sa Majeſté voulant pourvoir

à faire cesser les difficultez qui se sont rencontrées jusques à present dans le service de ses Gardes Françoises & Suisses, & temoigner en mesme temps à ses Regimens la satisfaction que Sa Majesté a de leurs Services; Sa Majesté a ordonné & ordonne, Que les Capitaines desdits Regimens qui se trouveront commandans dans les Armées lesdits Regimens, soit qu'ils soient Lieutenans-Colonels ou Capitaines desdits Regimens, & qui n'y serviront point d'Officiers generaux, tiennent rang de Colonels des Gardes Françoises & Suisses; en cette qualité commandent tous les Colonels d'Infanterie : Que les autres Capitaines desdits Regimens tiennent rang de derniers Colonels, & soient detachez, & fassent le service en cette qualité : Que lors que lesdits Regimens monteront la tranchée, il n'y aura point de Brigadier qui ne soit de leurs Corps; mais qu'en toute autre occasion que celle-là, soit que les Corps marchent entiers ou par detachemens, ils obeïront sans difficulté à tous les Brigadiers de l'Armée, les Soldats & Officiers desdits Regimens, feront le service conjointement avec les autres Troupes sans aucune distinction, si ce n'est que les détachemens desdits Regimens auront la droite, & qu'à la reserve de ce qui est porté par la presente Ordonnance concernant le rang des Commandans desdits Regimens, & le seul cas de la tranchée, les Ordonnances de Sa Majesté cy-devant expediées pour le rang des Officiers desdits Regimens de ses Gardes avec ses autres Troupes, seront executées. Ordonne Sa Majesté à ceux qui feront la fonction de Majors Generaux de ses Armées, de tenir la main à l'execution de ce qui y est contenu de l'intention de Sa Majesté, leur défendant sous peine de luy deplaire, de souffrir qu'il y soit contrevenu. Mande & ordonne Sa Majesté à ses Lieutenans Generaux commandans ses Armées, de tenir la main à l'entiere execution de la presente Ordonnance. Fait au Camp devant Mons le vingt-septiéme Mars 1691. Signé LOUIS. _Et plus bas_, LE TELLIER.

181. Dans l'execution de cette Ordonnance, les Colonels de l'Armée voulurent difputer que le rang de premier Colonel regardoit directement ceux qui commandoient les Regimens des Gardes Françoifes & Suiffes, quand mefme ils feroient Maréchaux de Camp ou Brigadiers. Le Major General ayant mandé la difpute au Marquis de Louvois Secretaire d'Eftat de la Guerre, je luy ordonnay de mander que mon intention eftoit que le premier Capitaine aux Gardes fans grade d'Officier General, joüiroit de la prerogative de premier Colonel.

182. Les Colonels difputerent encore que le premier Capitaine aux Gardes fe trouvant Capitaine de Grenadiers, & ayant efté detaché à fon tour comme premier Colonel, & enfuite fe trouvant detaché comme Capitaine de Grenadiers, il ne pouvoit tenir rang de premier Colonel; comme cela les mettoit hors d'état de commander jamais les Grenadiers tandis que ceux des Gardes y feroient, le Major General en écrivit au Marquis de Louvois, qui m'en ayant

rendu compte, je luy ordonnay de mander que mon intention eſtoit que le Capitaine des Grenadiers des Gardes ſe trouvant naturellement le premier Capitaine du Regiment, joüiroit par tout où il ſeroit détaché, de la prerogative de premier Colonel.

183. En entrant en campagne le Major doit avoir eu ſoin que chaque Fourrier ait ſon cordeau marqué dans les diſtances ordinaires; ſçavoir, dix-huit pieds de diſtance du front de bandiere aux piques, & autant des piques aux Mouſquets.

184. Le Major ne mene jamais au Campement que trois Sergens par Bataillon, leſquels ont un cordeau de front de bandiere pour chaque Bataillon.

185. L'Ayde-Major nomme un Sergent par chaque Bataillon, pour la propreté du Bataillon & de ſon Camp.

186. Quand on eſt dans un Camp de ſejour, l'aſſemblée, ou retraite eſt battüe par tous les Tambours du Regiment, aller & venir le long du Regiment.

187. Quand ce n'eſt qu'un Camp de
paſſage,

paſſage, les Tambours de chaque Bataillon battent ſeulement le long de
leur Bataillon.

188. Toutes les gardes qu'on tire du
Regiment s'aſſemblent au centre du
Regiment, d'où elles vont chacune à
leurs poſtes.

189. Les Aydes-Majors & Sous-Ay-
des-Majors camperont toûjours au
Regiment ſans qu'il leur ſoit permis
de s'en écarter.

190. Les deux Compagnies de Grenadiers ſeront partagées dans les mar-
ches en quatre, afin qu'il y en ait à
chaque Bataillon, leſquels marcheront à la teſte de chacun; mais eſtant
arrivez au Camp, les Compagnies ſe
raſſembleront, & chaque Compagnie
de Grenadiers campera; ſçavoir, ſi les
Capitaines des Grenadiers ſont commandans le Bataillon, leurs Compagnies camperont à la droite de leurs
Bataillons; s'ils ne ſont point commandans du Bataillon, la premiere
Compagnie campera à la droite du
premier Bataillon, & la ſeconde à la
droite du ſecond.

191. Les Capitaines de Grenadiers ne

E

commanderont jamais de Bataillon.

192. J'ay accordé à ceux qui y sont de commander des Bataillons, mais à l'avenir je ne permettray plus qu'ils en commandent, & lors qu'ils deviendront Commandans naturels des Bataillons, ils opteront d'estre Capitaines des Grenadiers ou Commandans de Bataillon.

193. Il y aura toûjours dans le Camp cinquante hommes de piquet, lesquels auront leurs armes en faisceau à la droite du Bataillon.

194. Le piquet ne sortira point pour se mettre en haye que pour le General.

195. Lorsque le General passera, le piquet ira se mettre sans armes dans l'intervalle à la droite du Bataillon à quatre de hauteur, le premier rang ne débordant pas l'alignement des Tentes des Soldats.

196. Quand mesme je serois à l'armée, ce piquet ne prendroit pas les armes & ne feroit que se mettre en haye comme pour un autre General.

197. Ces cinquante hommes en arrivant au Camp, seront mis à la teste de chaque Bataillon cent pas devant

avec leurs armes, où l'on les laissera
deux heures aprés estre arrivez, afin
que le Camp ne reste pas sans personne,
tandis que les Soldats vont à la paille.

Reglement pour la payë des Officiers &
Soldats, tant pour leurs lits, que les
paillasses des Soldats à ma garde.

198. Il ne sera plus souffert nul Vi-
vandier dans les corps-de-garde.

199. Les Soldats ne payeront jamais
que deux liards chacun pour leurs
paillasses pendant leur garde, soit de
trois ou quatre jours également ; & les
Sergens ne pourront retenir d'avantage à chaque Soldat, sur peine d'estre
punis ; si bien que les Compagnies
estant sur le pied de cent vingt, elles
payeront soixante sols par garde ; &
lors que les Compagnies augmente-
ront ou diminueront, ce prix là aug-
mentera ou diminuera à proportion.

200. Il sera donné quarante-deux
paillasses par Compagnie, c'est à dire
trois Soldats par paillasse.

201. C'est le Capitaine des corps-de-
garde, nommé Triboulot, qui aura soin
de la fourniture desdites paillasses, &

qui ne sera point ôté sans mon ordre.

202. Quand aux Capitaines & Officiers, ils ne payeront dorénavant que dix sols par nuit ; ce sera le Concierge qui y est étably pour la conservation des meubles, nommé Laumagne, qui en fera la recette, sur laquelle il prendra cinq cens livres de gages que je luy accorde comme il avoit cy-devant ; & du reste il en fera la dépense necessaire, tant pour le blanchissage & pour rebattre les matelats tous les ans, que pour l'entretien des lits, draps & autres meubles du corps-de-garde, & les renouveller quand il en sera necessaire.

203. Ce Concierge ne sera point changé que par mon ordre.

204. Si les Officiers donnent des billets audit Concierge pour son payement, ils luy seront payez par le Trésorier du Régiment en les luy portant.

Reglement pour l'extrait de la garde, &
pour prendre le mot.

205. L'extrait de la garde en l'absence du Colonel m'est donné par le Major.

206. Le Lieutenant-Colonel ou Commandant, en l'abſence du Colonel aura un extrait de la garde, où il ſera mis au haut & au deſſus (copie de l'extrait de la garde) lequel luy ſera donné par le Major.

207. Si le Commandant eſt moins ancien que le Major, il n'aura point de copie de l'extrait de la garde.

208. Quand le Major revient de Verſailles pour donner l'ordre à Paris les Samedis, il paſſera chez le Lieutenant Colonel pour l'inſtruire de l'ordre qu'il va donner par l'ordre du Colonel; s'il ne le trouve pas chez luy, après avoir donné l'ordre il le luy envoyera par un Ayde ou Sous-Ayde-Major.

209. Si c'eſt un Capitaine moins ancien que le Major, il ne le fera avertir que par ſon Sergent, comme les autres Capitaines.

210. Si c'eſt un Ayde-Major qui faſſe la charge de Major, le Major eſtant abſent, il paſſera en arrivant à Paris chez le Commandant naturel du Corps, & s'il ne le trouve pas, il ira donner l'ordre, & après cela il luy

en envoyera une copie par écrit.

211. Le Colonel ayant pris le mot de moy, le donne au Capitaine de garde pour sa garde, & au Lieutenant-Colonel pour le Regiment; le Lieutenant-Colonel le donne au Major.

212. Quand le Lieutenant-Colonel n'y est pas, le Major ou Ayde-Major en son absence le prend du Colonel.

213. Quand le Major y est, l'Ayde-Major reçoit le mot du Major, & le prend aussi du Capitaine commandant la garde, avec le détail.

214. Quand le Major n'y est pas, l'Ayde-Major prend le mot du Lieutenant-Colonel, ou du Commandant naturel du Corps, qui se trouve prés de ma Personne, en l'absence du Colonel ou Lieutenant-Colonel; & prend toûjours le mot & le détail du Commandant de la garde, pour le donner aux Sergens.

215. Le Lieutenant-Colonel estant de garde, ou estant prés de moy en l'absence du Colonel, prend le mot de moy, & le donne au Major ou Ayde-Major en son absence.

216. Le Capitaine ou mesme un

Officier commandant la garde, le prend de moy, le Lieutenant-Colonel n'ayant rien à ordonner sur la garde.

217. En l'absence du Colonel & du Lieutenant-Colonel, le Major prend le mot de moy.

218. Quand le Colonel & Lieutenant-Colonel sont dans un éloignement à ne pouvoir estre censez Commandans du Corps qui est prés de ma Personne, le Commandant naturel qui s'y trouve, s'il est plus ancien que le Major, prend le mot de moy, & le donne au Major.

219. Si le Major est le plus ancien, il le prend de moy.

220. Quand le Commandant du Corps sera à Paris, quoy qu'il y ait à la garde des Capitaines plus anciens que le Major, le Major prendra le mot de moy; si ce n'est que le Commandant du Corps fust de garde.

221. Quand je suis à Saint Germain, Versailles, Marly, ou autres Maisons Royales, & que le Colonel est à Paris, il est toûjours censé present.

222. Lors que je sors, & que le

Colonel ſe met à la teſte de la garde ;
le Lieutenant-Colonel peut ſe mettre
à coſté de luy, deux pas plus reculé
que le Colonel.

223. Quand le Colonel ne ſe met
pas à la teſte de la garde, le Lieutenant-Colonel n'a nul droit de s'y mettre, n'ayant nul commandement ſur
elle.

Reglement pour empeſcher qu'on ne ſe
prenne des hommes d'une Compagnie à
l'autre, obſervé depuis long-temps dans
le Regiment.

224. Quand un Soldat ſort d'une
Compagnie, ſoit par congé ou con-
vention faite avec le Capitaine, ce
Soldat ne peut entrer dans une autre Compagnie du Regiment, que deux
ans aprés avoir quitté l'autre; & ſi
avant ce temps fini, il a pris parti
dans une autre Compagnie, & que le
Capitaine d'où il eſt ſorti le rede-
mande; l'autre eſt obligé de le luy donner, en luy rendant ce qu'il luy a
coûté.

225. Lors qu'un Soldat a eſté mené
chez le Commiſſaire pour une Com-

pagnie, & que parce que l'on laura
mal mesuré il sera refusé ; si huit ou
quinze jours après il est ramené chez
le Commissaire pour une autre Compagnie, & qu'il soit reçeû ; si celuy
qui l'a mené le premier verifie cela,
il luy sera rendu en rendant l'enrol-
lement.

Reglement pour les Grenadiers.

226. Les trente Compagnies du
Regiment rempliront les deux Compagnies de Grenadiers à tour de rolle
à mesure qu'il en manquera, & le
Commandant du Regiment aura soin
de les rendre complettes aussi-tost
qu'il en manquera, comme il s'ensuit.

227. Mon intention est que lors
qu'une Compagnie devra fournir des
Grenadiers, le Capitaine de cette Compagnie oste des rangs les trois Caporaux, neuf Anpessades, le Chirur-
gien & cinq hommes tels qu'il voudra,
après quoy le Capitaine des Grenadiers choisira sur tout le reste de la
Compagnie.

228. Le Commandant ou le Major
seront avec le Capitaine des Grena-

diers, pour l'obliger à ne prendre que
des Soldats qui ayent servi au moins
cinq ou six ans, sans s'arrester à la
taille, à l'habit neuf, ni au lieu de la
naissance.

229. Comme il y a trop d'embarras
à payer ceux qui desertent, & à prendre gratis ceux qu'on perd au service
pour estre tuez.

230. Ma volonté est que dorénavant les Capitaines de Grenadiers
payent tous les Soldats dont ils auront besoin, tuez ou perdus, de quelque maniere que ce soit ; & pour cela, j'ordonne qu'ils payeront cinquante francs de chaque Grenadier qu'ils
tireront des Compagnies.

231. Ils prendront le Soldat habillé
tel qu'il sera, hors le ceinturon, l'é-
pée, la bandouilliere, la poire, les ru-
bans & les armes.

232. L'on ne pourra de part ni d'autre
faire nulle dispute sur l'habit vieux
ou neuf, on le prendra tel qu'il sera.

233. Le Commandant & le Major
ou Ayde-Major en son absence, auront le controlle des deux Compagnies de Grenadiers, où sera le nom

& furnom de tous les Grenadiers, &
le Commandant & le Major en feront
l'appel à toutes les revûës, afin d'eftre
toûjours inftruits fidellement de ce
que deviendront les Grenadiers.

234. Dés qu'il en manquera, foit à
Paris ou en campagne, le Commandant aura foin de les faire remplacer
auffi-toft.

235. Il faut faire publier à la tefte
des deux Compagnies, que tout Grenadier qui eft un mois abfent de fa
Compagnie fans Congé, fera declaré
deferteur.

236. Le Capitaine de Grenadiers ne
pourra demander des Grenadiers aux
Compagnies, pour remplacer des abfens, qu'à mefme temps il ne declare
& faffe mettre fur le livre des Deferteurs les libertins qu'il veut remplacer; & l'Ayde-Major fera chargé de
cette declaration qui fera fignée du
Capitaine & du Commandant du
Corps, pour l'envoyer à celuy qui eft
chargé du livre des Deferteurs.

237. Nul congé de Grenadier ne
fera bon qu'il ne foit figné du Colonel
& du Capitaine, ou en l'abfence du

Colonel, il faut que le Commandant du Corps & le Major ou Ayde-Major en fon abfence, le fignent avec le Capitaine de la Compagnie.

238. Les Grenadiers qui font en campagne, lors qu'il en manquera, feront remplacez par les Compagnies qui font avec eux, fuppofé qu'on fuft hors de portée d'en faire venir des Compagnies plus éloignées lors qu'elles font en tour de fournir.

239. Il fera marqué fur le controlle du Major ou Ayde-Major les Compagnies qui par l'éloignement n'ont pas fourni, pour les reprendre dans lefdites Compagnies à la premiere occafion qu'on les aura jointes, fans que ces Compagnies puiffent pretendre que leur tour à fournir foit paffé ; ainfi on prendra dans ces Compagnies, quand les Grenadiers en auront befoin, ceux qu'elles devroient avoir fourni fi elles avoient efté avec les Grenadiers, fans que cela prejudicie à leur tour ordinaire & naturel.

240. Il faut, tant qu'on pourra, prendre des Grenadiers dans les Compagnies le jour de la revûë du Commiffaire.

241. Lors que l'on aura tiré des Grenadiers des Compagnies, si le Capitaine des Grenadiers verifie que le
Capitaine de la Compagnie, dont il a
tiré un ou plusieurs Grenadiers, ait ca-
ché ou n'ait pas montré tous ses Soldats, le Capitaine des Grenadiers
pourra pendant un mois seulement
changer le Grenadier qu'il aura tiré,
contre un des Soldats de ladite Compagnie, qui n'auront point esté mon-
trez, supposé qu'il ait le service requis,
& que le Commandant du Corps en
soit content.

242. Quand on demande les Grenadiers & que les Compagnies ne sont
pas complettes, soit par gens blessez,
malades aux Hôpitaux, ou quelques
libertins, on les rendra complettes
par des détachemens du Regiment;
ces Compagnies ne devant jamais aller à l'occasion qu'elles ne le soient;
& quand dans cette occasion il y a
quelques-uns de ces Soldats détachez,
de tuez, on en tiendra compte à la
Compagnie, d'où les tuez estoient, lors
que le tour de ces Compagnies viendra à fournir des Grenadiers.

243. Jamais le Capitaine de Grenadiers ne pourra donner congé à un Grenadier que pour un mois, & lors qu'il voudra le luy donner pour deux ou pour trois, il faut que ce congé soit signé du Commandant & du Capitaine.

244. L'on peut bien renouveller ces congez-là, mais jamais les allonger d'avantage.

245. Quand les deux Compagnies de Grenadiers auront besoin d'hommes ; le premier Capitaine choisira dans la premiere Compagnie, & l'autre dans la seconde & ensuite de mesme.

246. Il ne sera jamais permis aux Capitaines des Grenadiers, après avoir choisi dans une Compagnie, de rendre le Soldat qu'il aura pris pour en tirer un autre à sa fantaisie ; c'est à luy à bien choisir quand il les prend ; à moins que ce ne fust dans les huit premiers jours, & qu'il en dît de si bonnes raisons au Colonel ou au Commandant en son absence, qu'ils y consentissent.

247. Quand il manquera des Sergens dans les Grenadiers, on en usera

comme dans les autres Compagnies,
c'est à dire le Capitaine presentera un
Soldat de sa Compagnie au Colonel,
qui le fera examiner par le Major,
aprés quoy s'il l'approuve il sera re-
çû, ou sinon le Capitaine luy en presentera, jusques à ce que le Colonel le
juge capable de la hallebarde.

*Reglement qui sera exactement observé
par le Regiment, pour les differentes
gardes qu'il a à faire.*

248. Le Regiment se trouvant seul
dans un quartier où il se trouve des
Enfans de France, Princes du Sang,
Legitimez de France & Marechaux de
France, il ne fera jamais garde qu'à un
seul, à moins d'un ordre exprés de
moy.

Brigadiers.

249. Un Brigadier de jour visitant
les postes, s'il n'y a qu'un Sergent, il
aura sa hallebarde, fera sortir les Soldats, & les mettra en haye, lesquels
seront reposez sur leurs armes.

250. S'il y a un Officier il se mettra
à la teste, son Esponton prés de luy,

& le Sergent & les Soldats comme
cy-deſſus.

Maréchaux de Camp.

251. Le Maréchal de Camp viſitant
les poſtes & les gardes à l'Armée, s'il
y a un Officier, il fera prendre les armes, ſe mettra à la teſte ſon Eſponton
à la main, & le Tambour n'appellera
point.

252. Le Maréchal de Camp à l'Armée, paſſant devant le Regiment lors
qu'il eſt en bataille, les Soldats feront
mouſquet ſur l'épaule, les Sergens à
leurs poſtes avec leurs hallebardes, les
Officiers à leurs poſtes ſans Eſpontons,
& les Tambours n'appelleront point.

253. Le Maréchal de Camp Commandant en chef, ſera gardé par quinze hommes & un Sergent ; le Tambour n'appellera point, n'eſtant que
pour mener & ramener la Garde ; mais
quand il viſitera les poſtes ou qu'il
verra le Regiment en bataille, alors
les Officiers ſubalternes prendront
l'Eſponton ; mais les Tambours n'appelleront point.

Lieutenant

Lieutenans Generaux.

254. Le Lieutenant General commandant en chef, aura pour sa garde trente hommes & un Enseigne, le Tambour n'appellera point.

255. Le Lieutenant General commandant en chef, voyant le Regiment sur la ligne, ou dans les postes, les Officiers subalternes prendront l'Esponton, les Tambours n'appelleront point.

256. Le Lieutenant General, quoyque le General soit à l'Armée, passant devant le Regiment estant en bataille ou dans les postes, les Officiers subalternes prendront l'Esponton, les Tambours n'appelleront point.

257. Le Lieutenant General de la Province, & le Commandant dans ladite Province, où le Regiment sera en garnison, n'aura d'autre garde que trente hommes, & un Enseigne, les Tambours n'appellant point.

258. Si ce Lieutenant Général Commandant dans la Province veut voir défiler le Regiment, les Capitaines se mettront auprés de luy, & les Officiers

E

fubalternes défileront, l'Efponton à la main, à la tefte des Compagnies; les Tambours battans au champ en marchant.

Généraux d'Armée.

259. Le Général d'Armée aura pour fa garde trente-cinq hommes, un Enfeigne ou un Sous-Lieutenant qui rouleront enfemble, & le Tambour appellera.

260. Quand le Général verra le Regiment fur la ligne ou dans les poftes, les Capitaines ou Officiers prendront l'Efponton, & les Tambours appelleront, mais les Soldats ne préfenteront pas les armes, ni ne fera falué.

261. En tous les lieux où le Général fe trouvera avec le Regiment, n'étant point en fervice de Général par des Patentes, mais feulement Lieutenant Général Commandant dans la Province, il fera traité comme Lieutenant Général.

Maréchaux de France.

262. Les Maréchaux de France commandans les Armées, auront pour

leur garde quarante hommes commandez par un Lieutenant , roulant avec les Sous-Lieutenans, & les Tambours appelleront.

263. Les Maréchaux de France visitant les postes , ou voyant le Regiment sur la ligne , les Soldats feront le mousquet sur l'épaule , les Capitaines & Officiers prendront l'Esponton , & les Tambours appelleront.

264. Les Maréchaux de France commandans les Armées feront saluez de l'Esponton deux fois pendant la Campagne ; sçavoir , la premiere & derniere fois que le Regiment devra paroître devant eux.

Princes du Sang & Legitimez de France.

265. Les Princes du Sang & Legitimez de France auront pour leur garde cinquante hommes commandez par un Lieutenant , qui ne roulera pas avec les Sous-Lieutenans, & les Tambours appelleront.

266. Me reservant d'augmenter les honneurs aux Princes du Sang ou Legitimez de France pour leur garde , ainsi que je le jugeray à propos, soit

pour leur faire donner une Compagnie & le Drapeau, & en regler la durée, ayant déja accordé cet honneur en plusieurs rencontres aux Princes du Sang & Legitimez de France, declarant pourtant qu'en semblables cas, les Tambours ne battront point au champ mais appelleront seulement.

267. Quand les Princes du Sang ou Legitimez de France, n'estant point Generaux, n'auront pour leur garde que cinquante hommes & un Lieutenant, ils ne seront, estant à l'Armée, saluez de l'Esponton que la premiere fois qu'ils verront le Regiment en bataille.

268. Quand ils visiteront les Gardes ou verront le Regiment sur la ligne estant en bataille, & qu'ils n'auront que cinquante hommes pour leur garde, les Capitaines & Officiers seront l'Esponton à la main à leurs postes, les Soldats mousquet sur l'épaule, & les Tambours appelleront.

269. S'ils sont Generaux, & qu'il n'y ait point d'ordre de leur monter une Compagnie, ils seront deux fois saluez, la premiere & la derniere fois

qu'ils verront le Regiment.

270. Quand je leur accorderay l'honneur d'avoir un Capitaine & le Drapeau, ils feront faluez toutes les fois qu'ils verront le Regiment en bataille ; voulant que ceux à qui j'accorde cette garde, joüiffent de cet honneur en tous les lieux où ils verront le Regiment.

271. Le Regiment ne prefentera jamais les armes que pour moy, la Reine, & mon fils le Dauphin, à moins que je ne l'ordonne autrement.

272. Lors que dans la campagne ils auront joüi de l'honneur d'avoir une Compagnie & le Drapeau à leur garde, quoy que cette garde n'euft duré qu'un ou quelques jours, ils feront faluez toutes les fois qu'ils verront le Regiment.

Petits Enfans de France.

273. Me refervant d'accorder tels honneurs que je jugeray à propos aux petits Enfans de France, ayant en 1691. accordé au Duc de Chartres, fils de mon frere le Duc d'Orleans, eftant allé faire la Campagne en Flan-

dire, quoy qu'il ne fuſt que Volontai-
re, que l'on montaſt pour ſa garde
une Compagnie & le Drapeau pendant toute la Campagne, avec ordre
de battre au champ le premier & le
dernier jour, & appeller ſeulement les
autres jours.

Enfans de France.

274. Les Enfans de France auront
pour leur garde une Compagnie entiere, avec le Capitaine & le Drapeau,
& les Tambours battront au champ,
parce qu'ils ne peuvent jamais avoir
cette garde que dans les lieux où je
ne ſuis pas.

275. Quand les Enfans de France
viſiteront les poſtes, ou voyant le
Regiment ſur la ligne, les Tambours
battront au champ; c'eſt à dire, quand
je n'y ſeray pas, car eſtant preſent on
ne bat au champ que pour moy & pour
la Reine.

276. Quand par le peu de Compagnies qu'il y auroit prés de ma Perſonne, & qu'ils en ſeroient ſeparez,
on ne leur donneroit pour leur garde
qu'un détachement, les Tambours
battront au champ.

Pour mon Fils le Dauphin.

277. Quant à mon fils le Dauphin, j'ordonne que l'on vienne à l'ordre, pour sçavoir si je feray monter chez luy une ou plusieurs Compagnies.

278. Quand je suis à Versailles ou autre Maison Royale, & que mon fils le Dauphin va à Paris, à la Foire, l'Opera ou Comedie, on montera toûjours une Compagnie de Garde au lieu où il ira, les Tambours battront au champ.

279. Si mon fils le Dauphin demandoit qu'on y montast plus d'une Compagnie, en ce cas le Colonel viendra m'en demander l'ordre.

280. Il n'y a que pour ma garde, ou celle de la Reine, qu'on puisse monter plusieurs Compagnies sans mon ordre exprés.

281. Les Marechaux de France, Princes du Sang, Legitimez de France, Enfans & petits Enfans de France, conservent leur garde en quelque lieu qu'ils trouvent le Regiment, hors dans ceux où je suis & la Reine, où les quartiers d'où se tire ma garde, com-

me Paris pour Saint Germain & Versailles , Melun pour Fontainebleau, Blois pour Chambor, & autres quartiers de mesme.

282. S'ils se trouvent plusieurs dans le mesme lieu , le Regiment gardera le premier seulement.

Le Colonel.

283. Le Colonel aura pour sa garde cinquante hommes, un Lieutenant ou un Sous-Lieutenant qui rouleront ensemble ; & conservera ladite garde dans tous les lieux où il se trouvera, hors de ceux où je seray , ou mon fils le Dauphin ; & sera salué par tout où il verra le Regiment, hors dans mon logis ou celuy de mon fils le Dauphin.

284. Il s'est pratiqué que moy estant à l'Armée , le Colonel Maréchal de France , estant dans mon quartier, aimoit mieux me demander permission d'avoir une sentinelle de ma garde, que d'avoir une garde d'un autre Corps ; ce que je luy ay permis quelquefois.

285. Le Colonel ne pouvant prendre l'ordre ou le mot de moy, le Commandant de la garde, & le Major l'ayant

l'ayant pris, font obligez de le luy porter en fon logis.

286. Quand c'eft le Lieutenant-Colonel qui eft de garde, lequel prend
le mot de moy, il eft obligé de le porter au Colonel, auquel cas le Major
n'y va pas, parce que le Lieutenant-
Colonel le prend pour la garde & pour
le Regiment, & que luy feul le prend
de moy.

287. Tout corps-de-garde du Regiment des Gardes, hors celuy de ma
Maifon & de la Reine, prendra les armes exprés pour les Enfans de France
& pour le Colonel, luy ayant accordé
cet honneur, parce que le Colonel
General en joüiffoit.

288. Le Capitaine qui fe trouvera
de garde chez un Enfant de France
ou autre à qui je l'auray ordonné,
eftant fon tour à marcher, fera obligé
de quitter fa garde pour quelque détachement que ce foit; l'ordre des détachemens pour les Capitaines ne
pouvant eftre interrompu ou differé
que pour ma garde; celle de la Reine
& de mon fils le Dauphin.

289. Pour les Officiers fubalternes

G

lors qu'ils se trouveront en garde, &
que leur tour de détachement viendra, ils ne pourront quitter ladite
garde qu'elle ne soit achevée, sauf à
reprendre leur tour ensuite en la maniere accoustumée.

Garde du Roy.

190. Quant à ma garde, elle ne sort
jamais du Corps de garde, ni ne prend
les armes que pour ma Personne, où
pour la Reine; mais lors qu'elle est
sous les armes on appelle pour mon
fils le Dauphin, pour les Enfans de
France, & le Colonel.

191. Quand le Regiment ou les Compagnies sont en marche, & qu'ils sont
rencontrez par mon fils le Dauphin,
Enfans de France ou le Colonel, on
fait halte, les Capitaines & Officiers
prennent l'Esponton, & les Tambours
appellent.

Reglement pour la vente des Compagnies.

192. Lors qu'il se vendra une Compagnie, le Major en fera une revûë
particuliere pour en examiner tous les
hommes.

293. Si la Compagnie se trouve au-dessous du nombre complet, les hommes qui manqueront seront payez par le vendeur à cent livres pièce.

294. Dans les hommes de la Compagnie, le Major marquera ceux qui ne sont pas de la taille, qui sont vieux, estropiez, ou assez mauvais pour les oster, dont il fera un controlle qu'il donnera au Colonel, afin qu'il limite au Capitaine acheteur, combien de temps il luy donne pour les oster; soit tant par mois, ou par semaine; à l'exécution de quoy le Major tiendra la main, & en rendra compte exactement au Colonel.

295. Ces hommes-là jugez mauvais & condamnez à estre ostez, seront payez par le Capitaine vendeur, à cinquante francs pièce, quoy qu'ils demeurent dans la Compagnie jusques au temps fixé pour les oster.

296. L'argent des uns & des autres sera mis par le vendeur entre les mains de l'acheteur.

Liberté de la vente des Charges.

297. Ma volonté est que dorénavant

G ij

chacun foit libre d'acheter ou vendre
fa Charge, & pour cela chacun cher-
chera fon marchand, & en fera le
marché comme il luy conviendra;
c'eft à un chacun à prefenter fon marchand au Colonel pour le prier de
m'en demander l'agrément.

Congez des Officiers du Regiment.

298. Mon intention eft qu'à l'avenir
il n'y aura jamais plus de deux Officiers abfens par Compagnies, foit Capitaine, ou Officiers; les plus longs
Congez ne feront que de trois mois,
& cela pendant la guerre feulement,
l'hyver, voulant que tout foit prefent
en efté.

299. Quand le Colonel aura obtenu
congé de moy pour un Officier, ce
Capitaine ou Officier ne partira pas
fans avoir efté fe faire mettre fur le
Controlle du Major, foù le temps de
fon retour fera marqué; le Major en
rendra compte au Colonel, fur tout
en cas qu'il y en euft déja deux qui
euffent congé, parce qu'il faudroit
que celuy-là attendift le retour de l'un
des abfens pour s'en aller.

Ordonnance du Roy, pour regler la manière dont les Capitaines aux Gardes doivent servir en Garnison.

Du 20 Mars 1681.

300. Sa Majesté estimant à propos de regler la manière selon laquelle les Capitaines des Regimens de ses Gardes Françoises & Suisses doivent faire le service dans les Places où elles seront en garnison, & les distinguer en quelque façon des Capitaines des autres Corps d'Infanterie, en consideration de l'honneur qu'ils ont de garder sa personne ; sa Majesté, après s'estre fait representer son Reglement du vingt-cinquième Juillet mil six cens soixante-cinq, a Ordonné & ordonne, veut & entend que ledit Reglement soit ponctuellement executé & observé par tous les Officiers de sesdits Regimens des Gardes Françoises & Suisses, à l'exception toutefois de ce qui est porté par le vingt-deuxiéme Article d'iceluy ; Que les Capitaines desdits Regimens de ses Gardes Françoises & Suisses monteront en personne la gar-

G iij

de comme dans les autres Officiers de
ses Troupes , & ce avec le haussecol &
la pique à la main , dont sa Majesté a
trouvé bon de les dispenser : Veut
neanmoins que l'un des Capitaines des
susdits Regimens , soit tenu & obligé
tous les jours de se trouver à la parade ,
pour voir si les Escoüades desdits Regimens seront complettes d'Officiers ,
Sergens & Caporaux ; & qu'en outre
il prenne soin de visiter plusieurs fois ,
tant de jour que de nuit , les Corps de
garde où lesdites Escoüades seront di-
stribuées , pour reconnoistre si les
Sergens & Soldats d'icelles y sont assi-
dus, & font le service avec l'exactitude qu'ils doivent : Veut & entend aussi
sa Majesté que le tiers des Officiers
subalternes desdits Regimens de ses
Gardes Françoises & Suisses , fassent
la ronde dans lesdites Villes & Places,
conformement à son Ordonnance du
vingt-neuf Fevrier mil six cens soi-
xante-treize , sur les peines y contenuës. Mande & ordonne sa Majesté à
ses Gouverneurs , ses Lieutenans Generaux en ses Provinces, Gouverneurs
particuliers de ses Villes & Places , &

aux Commiſſaires des Guerres ordonnez à la police de ſes Troupes, de tenir la main chacun comme il appar-
tiendra, à l'obſervation & exécution de
la preſente, laquelle ſa Majeſté veut
eſtre publiée & affichée dans leſdites
Villes & Places, à ce qu'aucun n'en
pretende cauſe d'ignorance. FAIT à
Saint Germain en Laye le vingtiéme
jour de Mars mil ſix cens quatre-vingt-
un. *Signé* LOUIS. *Et plus bas,*
LE TELLIER.

*Détail pour les Capitaines qui ſe trou-
veront Commandans les Compagnies
ſur les routes.*

301. Quand on arrivera dans un
quartier, le Commandant fera mettre
un Corps de garde au milieu dudit
quartier, où il y aura deux Sergens
pour recevoir les plaintes des habitans, y aller donner ordre ſur le champ,
& en avertir le Commandant, à faute
de quoy le Sergent de garde ſera in-
terdit à la teſte du Regiment.

302. Le Major avertira les Maire
& Echevins dudit Corps de garde,
afin qu'ils faſſent avertir les habitans

d'y aller porter leurs plaintes.

303. Le Major avertira aussi les Maire & Echevins, que lorsque les Compagnies en partiront, elles seront en bataille à la teste du quartier, où elles demeureront une heure en halte, pour y recevoir les plaintes que les habitans n'auroient peut-estre osé faire, les troupes estant dans le quartier.

304. Pendant ladite halte, le Commandant envoyera des Officiers dans le quartier voir si personne ne se plaint.

305. Si pendant cette halte, il y a des habitans qui se plaignent, le Commandant fera payer & reparer sur le champ les desordres dont on se plaindra; voulant que le Commandant soit responsable des desordres qui arriveront dans sa troupe; après quoy il partira, & fera la mesme chose dans chaque quartier.

Reglement pour tenir le Conseil de Guerre dans les garnisons.

306. En quelque lieu que le Regiment des Gardes se trouve, & qu'il aura des Soldats à juger, ma volonté

est que le Major ou Ayde-Major en avertisse le Gouverneur ou Commandant de la Place, pour pouvoir assembler le Conseil de Guerre, que l'on tiendra dans la prison, ou chez le Commandant des Gardes, comme ils ont accoustumé, sans que les Commandans, ni Officiers Majors des Places y puissent avoir nulle fonction; & après le Conseil fini, le Major ou l'Ayde-Major qui en fera la Charge, ira rendre compte au Commandant de la Place de ce qui se sera passé, & luy demander la permission de prendre les armes pour l'execution des jugemens qui y auront esté rendus.

307. Si quelques Officiers Majors des Places vouloient, suivant l'ancien usage, s'opposer à ce Reglement; le Commandant des Gardes leur envoyera le Major pour leur faire lire ce qui est de ma volonté écrit dans le present Reglement.

Etat de ce que le Capitaine doit payer par prest de quatre jours, & par mois aux Sergens, Caporaux, Anspessades, Tambours, Piquiers & Mousquetaires.

Sergens.

308. Un Sergent a de sa paye par an   350 livres.
faisant par mois   29 liv. 3 s. 4 d.
Il faut rabattre les neuf deniers pour livre, qui font   1 liv. 1 s. 9 d.
reste au Sergent   28 l. 1 s. 7 d.
On luy rabattra par mois   4 l.
Restera de paye chaque mois   24 l. 1 s. 7 d.

Caporal.

309. Un Caporal a de sa paye par an   200 l.
Il faut rabattre les neuf deniers pour livre, faisant par an   7 liv. 10 s.
On luy donne trois paires de souliers de   9 liv.
On luy donne trente sols par prest de quatre jours, il y a quatre-vingt-onze prests & un quart dans l'année, qui montent à   136 l. 17 s. 6 d.

Il luy reste pour les habits & linge
46 liv. 12 s. 6 d.

200 l.

Anspessade.

310. L'Anspessade a pour sa paye
par an   180 l.
faisant par mois   15 l.
Il faut luy rabattre les neuf deniers
pour livre, qui font par an   6 l. 15 s.
Il faut luy donner pour trois paires de
souliers par an   9 l.
On luy donne six sols & demy par
jour, faisant par prest de quatre jours
vingt-six sols, il y a quatre-vingt-onze prests & un quart dans l'année 118 l.
11 s. 6 d.
Il luy reste pour ses habits & linge par
chaque année   45 l. 14 s. 6 d.

311. Comme je veux bien traiter les
Anspessades, & que leur paye est petite, ma volonté est que sur les trente
Appointez que je donne à chaque
Compagnie, il en soit donné un demy
Appointé à chaque Anspessade, qui est
deux liards de plus par jour, & deux
sols par prest, faisant avec la paye
vingt-huit sols par quatre jours.

312. Les Tambours ont pour leur
paye autant que les Anspessades   180 l.
faisant par mois   15 l.
On leur donne le mesme prest qu'aux
Anspessades, ainsi ils ont pour leurs
habits   45 l. 14 s. 6 d.

313. Et comme mon intention est de
les bien traiter, j'ordonne qu'on leur
donnera la moitié de la paye d'un Appointé à chacun des quatre Tambours,
moyennant quoy ils auront sept sols
par jour, & vingt-huit sols par prest
de quatre jours.

314. L'autre moitié de paye de ces
quatre Appointez, faisant six deniers
par jour pour chacun, leur sera pré-
compté sur le décompte, parce qu'il
n'y a pas assez de fonds pour les habiller, puisque par leur paye il ne leur
reste suivant qu'il est marqué dans ce
détail que   45 l. 14 s. 6 d.
Ce supplément de paye qui fait quinze
sols par mois sera par an   9 l.
Si bien que le Tambour aura vingt-huit
sols par prest de quatre jours; & il
luy sera donné neuf livres pour ses

souliers, & outre cela le Capitaine
aura pour l'habiller & donner du linge
54 l. 14 f. 6 d.

315. Par ce détail voilà huit Appointez & demy employez ; sçavoir, quatre & demy aux Anspessades, & quatre aux Tambours, il en restera encore vingt-un & demy au Capitaine,
pour disposer comme il jugera à propos parmi les vieux & anciens Soldats,

Piquier.

316. Le Piquier a de payé par an
160 l.

faisant par mois   13 l. 6 f. 8 d.
Surquoy il faut déduire les neuf deniers pour livre, faisant par an   6 l.
Il faut luy donner trois paires de souliers par an   9 l.
On luy donne cinq sols & demy par
jour, faisant par prest de quatre jours
vingt-deux sols.
Il y a quatre-vingt-onze prests & un
quart par an, somme 100 l. 7 f. 6 d.
Il luy reste pour habits & linge   44 l.
12 f. 6 d.

                       160 l.

Mousquetaire.

317. Chaque Mousquetaire a de
paye par an   150 l.
faisant par mois   12 l. 10 s.
Il faut deduire les neuf deniers pour
livre, qui font par an   5 l. 12 s. 6 d.
Il faut luy donner trois paires de sou-
liers   9 l.
Il y a cinq sols par jour & vingt sols
par prest; quatre-vingt-onze prests &
un quart, font par an   91 l. 5 s.
Il luy reste pour habits & linge   44 l.
2 s. 6 d.

                                                    150 l.

318. Le Capitaine donnera la paye
d'Appointé à dix anciens & meilleurs
Soldats de sa Compagnie, qui seront
Grenadiers dans les Compagnies, &
en serviront quand le service en aura
besoin, & seront appellez dans chaque revûë par le Commissaire aussi-
bien que les Caporaux & Anspessades.

319. Chaque Capitaine tiendra compte à ses Soldats de l'argent de leur
décompte, soit en hardes pour son
entretien, ou en argent.

320. Tout Soldat qui n'est point

enregiftré fur le livre du Commiffaire, ou fur celuy du Major ou Ayde-
Major, eftant en campagne ne peut
jamais eftre cenfé deferteur, eftant défendu aux Capitaines d'en admettre
pas un dans leurs Compagnies qui ne
foit fignalé; & fi les Sergens en mettent dans les rangs qui ne foient point
enrollez, fans en avertir le Major pour
en rendre compte au Colonel, Lieutenant-Colonel, ou Commandant du
Corps en leur abfence, le Sergent d'affaires fera remis Soldat pour fix mois,
& la feconde fois caffé.

Ma volonté eft que le prefent Regle-
ment contenu en trois cens vingt arti-
cles foit executé, fans y rien changer,
à moins que je ne l'ordonne. Fait à
Verfailles le huitiéme Decembre mil
fix cens quatre - vingt ..onze. Signé
LOUIS.

FIN.

Supplément que je veux eftre joint au Reglement que j'ay fait pour le Regiment des Gardes Françoi-ses, en date du 8. Decembre 1691.

LES Capitaines, recommenceront à tenir compte aux Soldats de leurs décomptes, à commençer du premier Janvier 1692.

Lors qu'un Capitaine vendra fa Compagnie, le décompte fera fait regulierement par le Major & le Commiflaire du Regiment, pour eftre mis entre les mains du Capitaine acheteur.

S'il fe trouve que le Capitaine vendeur redoive aux Soldats; cet argent qui leur fera dû, fera donné par le Capitaine vendeur entre les mains du Capitaine acheteur, lequel en donnera la moitié de ce qui fera dû à chaque Soldat, & gardera l'autre moitié pour leur en tenir compte fuivant les occurrences.

Quant aux Soldats qui fe trouveront redevables aux Capitaines, le
Capitaine

Capitaine vendeur ne pourra rien exi-
ger pour cela du Capitaine acheteur,
ni mesme le donner aux Soldats, ce
qui sera verifié par le livre de Compte
de chaque Compagnie, voulant en ce
cas que le Capitaine acheteur en pro-
fite de la moitié, dont il se fera tenir
compte par les Soldats qui se trouveront redevoir, & l'autre moitié sera
rabatuë au profit des Soldats.

Le Capitaine vendeur sera obligé
de donner la Compagnie toute armée
de mousquets, fusils, piques, épées,
corcelets, poire à poudre & porte
poire; & pour dedommager le Capitaine vendeur des armes qui luy appar-
tiennent, & de l'argent que les Soldats
peuvent luy redevoir par leur décompte; Je permets que les Compagnies
dont j'ay mis la fixation à vingt-cinq
mille écus, valant soixante & quinze
mille livres, soient venduës dorénavant quatre-vingt mille livres.

Lors que les Capitaines seront tuez
ou mourront de maladie, le Commissaire du Régiment & le Major en feront le décompte; & si le Capitaine
mort se trouve redevable aux Soldats;

H

& qu'il y ait de l'argent chez le Treſorier appartenant au Capitaine mort,
auſſi-bien que l'argent qui proviendra
de l'eſtimation qui ſera faite des armes
à l'ordinaire, cet argent ſera pris par
preference à toutes les dettes, pour en
eſtre remis entre les mains du Capitaine que j'auray nommé à la Compagnie, la ſomme qui ſera renduë aux
Soldats, pour en eſtre donné comptant la moitié de ce qui ſera dû à chacun ; & ſi le Capitaine ſe trouve inſol-
vable, c'eſt-à-dire ſans nul fonds chez
le Treſorier, l'on prendra ſeulement
l'argent de la vente des armes, qu'on
joindra avec ce qu'il ſera neceſſaire
de la vente de l'équipage, pour mettre
entre les mains du Capitaine nommé,
ſans que les heritiers du défunt puiſſent eſtre tenus de ce que le mort pourroit ſe trouver redevable à la Compagnie ; car s'il n'y avoit nul fonds, le
Capitaine que j'aurois nommé à la
Compagnie, ſeroit chargé de payer
aux Soldats ce qui pourroit leur eſtre
dû, dont il leur en donneroit la moitié comptant ; mon intention eſtant
que le Soldat ne perde rien.

Si ce que les uns devront eſt égal à ceux à qui il ſera dû, auquel cas la compenſation faite, le Capitaine à qui je donneray la Compagnie, ſe chargera des uns & des autres, voulant pourtant que dans ce changement il ſoit payé la moitié de ce qui eſt dû à chaque Soldat; aprés quoy le reſte de l'argent, provenant ſoit des effets & ventes d'équipages, ſera rendu aux heritiers du défunt.

Si la Compagnie aprés la compenſation faite ſe trouve redevoir au défunt, le Capitaine que j'auray nommé en profitera de la moitié, & les Soldats de l'autre, ſans que le Capitaine ſoit obligé d'en tenir compte aux heritiers. *Signé* LOUIS.

Ordonnance du Roy, portant défense aux Geoliers & Gardes des Prisons, de laisser transferer ni sortir desdites Prisons aucuns Soldats des Gardes qui leur auront esté consignez par des Officiers des Gardes, sans l'ordre exprés desdits Officiers & Gardes.

11 février 1692

DE PAR LE ROY.

SA MAJESTE' ayant esté informée qu'il est souvent arrivé, que lorsque les Officiers du Regiment de ses Gardes Françoises ont, pour correction, fait mettre quelques-uns des Soldats de leurs Compagnies, qui estoient tombez en faute, dans les Prisons de Saint Germain des Prez ou autres, ils ont esté tirez & transferez en d'autres Prisons, en vertu de Sentences ou Arrests de diverses Jurisdictions, y ont esté écroüez & recommandez par des particuliers, pour autres choses que celles pour lesquelles ils auront esté constituez prisonniers en premier lieu ; Et sa Majesté voulant y pourvoir & mettre les Sol-

dats de fondit Regiment à couvert de
pareilles entreprifes; Sa Majefté a défendu & défend tres-expreffement à
tous Geoliers & Gardes des Prifons
dans lefquelles lefdits Officiers de fondit Regiment des Gardes Françoifes
auront fait mettre des Soldats de leurs
Compagnies, pour punition de quelques fautes ou defordres par eux com-
mis, de ne les laiffer fortir defdites
Prifons, qu'à la requifition des Capitaines & Officiers qui les y auront fai
conduire, ni de les écroüer, retenir,
ou mettre en d'autres mains; & ce
nonobftant tous Jugemens, Sentences ou Arrefts qui pourroient avoir
efté donnez, & de quelques Cours ou
Jurifdictions qu'ils feroient émanez;
à peine aufdits Geoliers & Gardes des
Prifons, de privation de leurs Charges & d'en répondre. FAIT à Verfailles le onziéme Fevrier mil fix cens
quatre-vingt-douze. Signé LOUIS:
Et plus bas, LE TELLIER.

Ordonnance du Roy, portant défense aux
Soldats du Regiment des Gardes de
changer d'habits, pour commettre des
defordres, à peine à ceux qui y contre-
viendront, de condamnation aux Galeres.

DE PAR LE ROY.

SA MAJESTE' ayant efté aver-
tie qu'aucuns Soldats du Regiment
de fes Gardes Françoifes fe déguifent,
& prennent d'autres habits que les
leurs quand ils veulent faire des dé-
fordres, afin de n'eftre pas reconnus
pour Soldats, & de les pouvoir commettre impunement; Et Sa Majefté
voulant par une punition fevere empêcher la continuation d'un tel abus;
Sa Majefté a défendu & défend tres-
expreffément à tous Soldats du Regiment de fes Gardes Françoifes, de fe
traveftir ni porter d'autres habits que
celuy dudit Regiment, à l'exception
toutefois de ceux qui iront travailler,
& n'auront point d'épées, à peine à
celuy ou ceux qui feront faifis & arre-

ftez, faifant des defordres, & qui auroient d'autres habits que celuy dudit
Regiment, d'eftre punis de la peine
des Galeres, fans aucune formé ni
figure de procés; veut pour cette fin
Sa Majefté qu'ils foient attachez à la
Chaîne pour eftre conduits, avec la
premiere qui partira, fur lefdites Galeres. Enjoint Sa Majefté au Prevoft des
Bandes & dudit Regiment des Gardes,
de s'employer felon le dû de fa Charge, & en ce qui le concerne, à l'execution de la prefente, laquelle Sa
Majefté veut eftre lûë & publiée à la
tefte des Compagnies dudit Regiment,
& affichée aux quartiers d'icelles, à ce
qu'aucun n'en pretende caufe d'ignorance. F A I T à Verfailles le onziéme
Fevrier mil fix cens quatre-vingt-
douze. *Signé* L O U I S. *Et plus bas,*
L E T E L L I E R.

*Ordonnance du Roy, pour regler le rang
des Lieutenans, Sous-Lieutenans &
Enseignes du Regiment des Gardes
Françoises, avec les Officiers des autres
Regimens d'Infanterie.*

DE PAR LE ROY.

SA MAJESTE' defirant témoi-
gner aux Officiers du Regiment de
fes Gardes Françoifes , la fatisfaction
qu'Elle a de leurs fervices, & donner
aux Lieutenans, Sous-Lieutenans &
Enfeignes dudit Regiment , un rang
qui foit proportionné à celuy dont
joüiffent les Capitaines; Sa Majefté a
ordonné & ordonne qu'en toutes oc-
cafions les Lieutenans du Regiment
de fes Gardes Françoifes marcheront
après les Lieutenans-Colonels , &
commanderont à tous les Capitaines
des autres Regimens de fon Infanterie, & que les Sous-Lieutenans & Enfeignes dudit Regiment de fes Gardes
prendront rang après les Capitaines ,
& devant tous les Lieutenans des autres Regimens d'Infanterie, fans qu'il

y

y puiſſe eſtre apporté aucune difficulté. Mande & ordonne Sa Majeſté aux
Gouverneurs & ſes Lieutenans Generaux en ſes Provinces, aux Lieutenans
Generaux en ſes Armées, aux Mareſ-
chaux de Camp, & autres Officiers
Generaux qui auront commandement
ſur ſes Troupes ; & aux Gouverneurs
de ſes Villes & Places, de tenir la
main à l'obſervation de la Preſente.
FAIT à Verſailles le douziéme jour
de Fevrier mil ſix cens quatre-vingt-
douze. *Signé* LOUIS. *Et plus bas,*
LE TELLIER.

TABLE
DES MATIERES

contenuës au Reglement general pour le Regiment des Gardes Françoiſes du Roy.

A

B

C

Table des Matieres.

Table des Matieres.

V

Fin de la Table des Matieres.

Contraste insuffisant

NF Z 43-120-14

www.ingramcontent.com/pod-product-compliance
Lightning Source LLC
Chambersburg PA
CBHW060609100426
42744CB00008B/1375